AUTORES:

JOSÉ MARÍA CAÑIZARES MÁRQUEZ
CARMEN CARBONERO CELIS

COLECCIÓN: MANUALES PARA PADRES SOBRE ACTIVIDAD FÍSICA, SALUD Y EDUCACIÓN EN LOS NIÑ@S

TÉCNICAS PARA EVALUAR EL NIVEL FÍSICO-DEPORTIVO DE TU HIJO

COLECCIÓN MANUALES PARA PADRES SOBRE ACTIVIDAD FÍSICA, SALUD, Y EDUCACIÓN EN LOS NIÑ@S

TÉCNICAS PARA EVALUAR EL NIVEL FÍSICO-DEPORTIVO DE TU HIJO.

AUTORES

<u>José Mª Cañizares Márquez</u>

- Catedrático de Educación Física
- Tutor del Módulo del Practicum del Master de Secundaria
- Especialista en preparación de opositores
- Autor de numerosas obras sobre Educación y Preparación Física

<u>Carmen Carbonero Celis</u>

- D. E. A. en Instituciones Educativas
- Licenciada en Pedagogía
- Maestra de Primaria y Secundaria en centros de Educación Compensatoria
- Didacta del CAP
- Profesora de Pedagogía Terapéutica en Centro Educación Primaria

Título: TÉCNICAS PARA EVALUAR EL NIVEL FÍSICO-DEPORTIVO DE TU HIJO.

Autores: José Mª Cañizares Márquez y Carmen Carbonero Celis
Editorial: WANCEULEN EDITORIAL

Sello Editorial: WM EDICIONES

Dirección Web: www.wanceuleneditorial.com, www.wanceulen.com,

Email: info@wanceuleneditorial.com

I.S.B.N. (PAPEL): 978-84-9993-577-5

I.S.B.N. (EBOOK): 978-84-9993-601-7

©Copyright: WANCEULEN S.L.

Primera Edición: Año 2017

Impreso en España

WANCEULEN S.L. C/ Cristo del Desamparo y Abandono, 56   41006 SEVILLA

Reservados todos los derechos. Queda prohibido reproducir, almacenar en sistemas de recuperación de la información y transmitir parte alguna de esta publicación, cualquiera que sea el medio empleado (electrónico, mecánico, fotocopia, impresión, grabación, etc), sin el permiso de los titulares de los derechos de propiedad intelectual. Cualquier forma de reproducción, distribución, comunicación pública o transformación de esta obra solo puede ser realizada con la autorización de sus titulares, salvo excepción prevista por la ley. Diríjase a CEDRO (Centro Español de Derechos Reprográficos, www.cedro.org) si necesita fotocopiar o escanear algún fragmento de esta obra.

ÍNDICE

INTRODUCCIÓN 7

1. LA EVALUACIÓN DE LA EDUCACIÓN FÍSICA EN LA EDUCACIÓN PRIMARIA. 9

    1.1. Concepto. 9

2. EVALUACIÓN DEL PROCESO DE APRENDIZAJE Y DEL PROCESO DE ENSEÑANZA: MECANISMOS E INSTRUMENTOS. 10

    2.1. Evaluación del proceso de aprendizaje. 21

        2.1.1. Criterios de evaluación de la etapa primaria, área de educación física. 12

        2.1.2. Evaluar por competencias. 13

        2.1.3. Técnicas de evaluación y formas de medición. 15

        2.1.4. Tipos de evaluación. 16

    2.2. Evaluación del proceso de enseñanza (la acción didáctica). 19

        2.2.1. Evaluación del profesorado. 22

    2.3. Mecanismos e instrumentos de evaluación. 22

        2.3.1. Técnicas de observación. 23

            2.3.1.1. Observación directa. 24

            2.3.1.2. Observación indirecta. 24

        2.3.2. Pruebas de experimentación. 27

    2.4.- Aplicación de las tecnologías de la información y de la comunicación (TIC) en la evaluación de educación física. 28

    2.5.- Evaluación al alumnado con N.E.A.E. 30

3. FUNCIÓN DE LOS CRITERIOS DE EVALUACIÓN DE ETAPA. 30

CONCLUSIONES 31

BIBLIOGRAFÍA 32

WEBGRAFÍA 34

INTRODUCCIÓN

Evaluar es, ante todo, valorar, recabando el mayor número de datos posibles respecto al proceso. Siempre que aparezca el concepto enseñanza-aprendizaje lo hará la evaluación como sinónimo de conocimiento de ese proceso y de los elementos que lo componen con la pretensión de mejorarlo (Delgado y Tercedor, 2002).

El proceso evaluador no sólo se refiere al aprendizaje del alumnado, sino también a la enseñanza que hace el docente y el programa que desarrolla (Chinchilla y Zagalaz, 2002).

Sanmartí (2007), entiende que enseñar, aprender y evaluar son tres procesos que no se pueden separar.

Aunque las reseñas válidas relativas a la evaluación son abundantes, conviene adoptar desde un principio una postura crítica y consecuente para analizar tanta información. En las páginas siguientes, haremos referencia a una serie de **autores** cuyas perspectivas no son siempre coincidentes, si bien, en muchos casos, pueden considerarse complementarias. La evaluación no es un hecho aislado, sino un proceso formado por varias fases, como veremos en el Tema (Zagalaz y otros 2014).

Dentro de la evaluación científica y sistemática se encuentra la educativa, que tiene unas características que hacen que tenga entidad propia y que esté presente desde siempre en nuestro ámbito (Díaz, 2005).

En evaluación nos encontramos con paradigmas **cualitativos** y **cuantitativos,** y evaluación por competencias que van estrechamente unidas a los objetivos (ECD/65/2015). También citamos la evaluación referida a la **norma** o evaluación referida al **criterio**, evaluación **continua**: diagnóstica, formativa y sumativa. Por otro lado, resulta igualmente amplio y heterogéneo lo referido a **técnicas** e **instrumentos**, sobre todo con la última tendencia sobre el uso de **Rúbricas o Matrices**.

Así pues, la evaluación constituye uno de los actos docentes que más repercusiones tiene en el alumnado. Las decisiones del maestro o maestra, referidas a la superación de las áreas del currículo por parte del alumnado, a la promoción de curso o nivel, a la verificación de los objetivos previstos... son consideradas en muchas ocasiones un difícil problema.

En Andalucía debemos significar la Orden de 04/11/2015, por la que se establece la ordenación de la evaluación del proceso de aprendizaje del alumnado de educación primaria en la Comunidad Autónoma de Andalucía, indica que la valoración del **nivel competencial** del alumnado debe estar **integrado** con la evaluación de los **contenidos** de las distintas **áreas**.

Por otro lado, no debemos desdeñar nuevas formas que nos ayudan en el proceso evaluador, como los **programas informáticos** (Martínez López, 2001) o el nuevo concepto de "evaluación por competencias" (Blázquez y Sebastiani, -coords.- 2009).

1. LA EVALUACIÓN DE LA EDUCACIÓN FÍSICA EN EDUCACIÓN PRIMARIA.

1.1. CONCEPTO.

Hasta la Ley General de Educación, de 1970, el término evaluación no se introduce en el lenguaje pedagógico de nuestro país (Zagalaz, 2003).

En nuestro contexto, sin necesidad de remontarnos muy atrás en el tiempo, era fácil encontrarse con la siguiente simplificación: **evaluar es igual a calificar** a los alumnos para dar respuestas a corto plazo a las presiones de éstos, de los padres y de la Administración (Díaz, 2005). Hoy día la preocupación por la evaluación del sistema educativo está muy extendida (Castillo, 2002).

Por ello, el concepto evaluación ha tenido **diferentes acepciones** según han ido evolucionando los modelos educativos y posee significaciones desiguales en función de la noción que se le asigne.

La evaluación se entiende como una actividad básicamente valorativa e investigadora -la nota es un dato más del proceso-. Facilitadora del cambio educativo -introduce modificaciones cuando se detectan errores- y potencia el desarrollo profesional docente (Blázquez y otros, 2010).

Contreras (2004), destaca su carácter procesual que la convierte en una actividad sistemática integrada en el binomio enseñanza-aprendizaje y que utiliza múltiples procedimientos en función de los individuos a los que va dirigida.

La evaluación se concibe como un mecanismo esencial de autorregulación de los sistemas educativos (Chinchilla y Zagalaz, 1997).

Evaluación, en términos generales, es la actividad que, en función de unos criterios, trata de obtener una determinada información de un sistema en su conjunto o de uno o de varios de los elementos que los componen, personas, programa, institución o centro, situación, etc., siendo su finalidad poder formular un juicio y tomar las decisiones pertinentes y más adecuadas respecto a aquello que ha sido evaluado (Stake, 2006).

González Halcones (1995) la define como "*la interpretación, mediante pruebas, medidas y criterios, de los resultados alcanzados por alumnado, profesorado y proceso de enseñanza/aprendizaje en la ejecución pormenorizada de la programación*".

El **docente** ha de tener una especial preocupación por la evaluación, siendo la **persona** que maneja la información, que la enjuicia y, en función de esa valoración, inicia acciones y toma decisiones, es decir, **evalúa**.

El D. 97/2015 y la O. de 04/11/2015, indican que la evaluación del proceso de aprendizaje del alumnado:

- Será **continua** para detectar de inmediato una dificultad y poner remedio.

- Será **global**, porque se referirá a las competencias clave y a los objetivos generales de la etapa y tendrá como referente el progreso del alumnado, las características propias del mismo y el contexto sociocultural del centro docente.

- Tendrá un carácter **formativo y orientador** del proceso educativo y proporcionará una información constante que permita mejorar tanto los procesos como los resultados de la intervención educativa.

- Haremos una evaluación **criterial**, con **observación** continuada de la evolución del proceso de aprendizaje de cada alumno o alumna y de su maduración personal. Los **criterios** de evaluación y los **estándares de aprendizaje** de las áreas serán referente fundamental para valorar tanto el grado de adquisición de las competencias clave como el de consecución de los objetivos. Si el progreso del alumnado no fuese el adecuado, debemos establecer medidas de **refuerzo educativo** en cualquier momento del proceso.

- Los proyectos educativos de los centros docentes establecerán el sistema de **participación** del alumnado y de sus padres, madres o tutores legales en el desarrollo del proceso de evaluación.

- Los maestros y las maestras evaluaremos los **aprendizajes** y los **procesos** de enseñanza y nuestra propia **práctica** docente, para lo que **estableceremos indicadores de logro** (referentes de evaluación de las CC. Clave) **en las programaciones didácticas**.

Por otro lado, existen unas **características diferenciales** de la evaluación en educación física con respecto a las otras áreas. Zagalaz (2003) y Blázquez (2008), señalan a:

- El carácter **lúdico** de la Educación Física hace que la mayoría de objetivos planteados sean de satisfacción personal más que de búsqueda de aprendizajes utilitarios.
- La ausencia de un contenido estable. Mientras que áreas como matemáticas o lengua tienen un objeto de enseñanza identificable, la nuestra utiliza un variado abanico de conocimientos. Por ello, programar y evaluar es **más complejo** en Educación Física.
- El carácter funcional de la Educación Física hace que los progresos de algunos aprendizajes, como la condición física, puedan ser debidos más al **desarrollo evolutivo** que a las actividades realizadas en clase.

2. EVALUACIÓN DEL PROCESO DE APRENDIZAJE Y DEL PROCESO DE ENSEÑANZA: MECANISMOS E INSTRUMENTOS.

Por **proceso** entendemos la continuidad de una serie de **pasos** y cambios que se suceden para alcanzar el objetivo. Dentro del ámbito educativo, globalmente nos referimos al de **aprendizaje** (que hace el alumnado) y al de **enseñanza** (que hace el profesorado).

En este **punto iremos viendo** cómo evaluamos el proceso de aprendizaje que tiene el alumnado, así como los criterios de evaluación oficiales del Área. Después trataremos las técnicas de evaluación (objetivas y subjetivas); las formas de medir con las que se corresponden (cuantitativa y cualitativa) y los tipos de evaluación en función de diversas variables: sistematización, referencia, ámbito y participación del alumnado (Blázquez y otros, 2010).

En cualquier caso, debemos reseñar lo indicado por la O. 04/11/2015: *"la evaluación puede llegar a ser un elemento valioso para contribuir al **desarrollo de los*** *centros por lo que implica para la mejora continua de las **prácticas docentes** y por las posibilidades que ofrece para la **innovación y la investigación** educativa".*

2.1. EVALUACIÓN DEL PROCESO DE APRENDIZAJE.

El currículo oficial determina las **capacidades** que el alumnado habrá debido desarrollar al finalizar la Educación Primaria y las competencias clave que debe alcanzar, como resultado de los aprendizajes realizados en el área de Educación Física. Vienen expresadas en los **objetivos generales del área** (O. 17/03/2015) y los **contenidos** (R.D. 126/2014 y O. 17/03/2015), tratados globalmente, son la referencia a partir de la cual maestras y maestros tenemos que implementar la enseñanza.

Debemos evaluar al alumnado de forma **personalizada**, por lo que es necesario partir de sus propias posibilidades, permitiendo su libre expresión y observar cuál ha sido su propia progresión, sin tener en cuenta al resto del grupo. "*La evaluación, como parte esencial del proceso de enseñanza-aprendizaje, **no puede limitarse** a la mera **comprobación** de que los **conocimientos** han sido **memorizados***" (O. 04/10/2015).

Zagalaz (2003), señala que debemos valorar en el alumno tres ámbitos:

- **Cognitivo**. Por ejemplo, conocimiento del funcionamiento del cuerpo en movimiento, de los aspectos higiénicos, etc.
- **Afectivo**. Por ejemplo, aceptación de valores, cooperación, participación, etc.
- **Motor**. El grado de habilidad motriz.

De forma **general** debemos preguntarnos (Zagalaz, Cachón y Lara, 2014):

- **¿Qué evalúo?** Los **criterios** de evaluación programados, **individualizados**, que proceden de los del Área. ¿Alcanza o no el objetivo? Por ejemplo, objetivo: coordinar los saltos de obstáculos. Criterio o indicador: ¿coordina los saltos de obstáculos impulsando con el pie dominante? Comprende las áreas cognitiva, social-afectiva y motriz.

- **¿Cuándo evalúo?** Su **temporalidad**, la evaluación continua y sus tres fases: al inicio o diagnóstica, durante el proceso o formativa y final o sumativa.

- **¿Cómo evalúo?** Los **instrumentos**. Por ejemplo:

    - Ámbito cognitivo: cuaderno, cuestionarios, trabajos, murales, etc.
    - Ámbito motor: observación sobre la práctica, test, listas, escalas, pruebas, etc.
    - Ámbito socio-afectivo: lista de control, observaciones, etc.
    - También es instrumento cualquier tipo de "herramienta" que usemos para evaluar la práctica docente, la unidad, etc., como las **Apps** para móviles y tabletas, por ejemplo Idoceo.

- **¿Quién evalúa?** Los agentes o persona/s prevista/s: docente, alumnado... Esto da lugar a la heteroevaluación, autoevaluación, coevaluación...

2.1.1. CRITERIOS DE EVALUACIÓN DE ETAPA PRIMARIA, ÁREA DE EDUCACIÓN FÍSICA.

El currículo oficial nos ofrece unos **criterios** de evaluación, indicando los **aprendizajes** que se consideran **indispensables**, así como las **competencias clave** a **lograr** y que todos y cada uno de los alumnos tienen que adquirir para continuar con éxito su proceso de aprendizaje.

Los **criterios** de evaluación se **establecen** con respecto a los **objetivos** de área y en íntima relación con los bloques de **contenidos**, marcados al principio del proceso. Son las **líneas maestras** que van a dirigir el proceso de evaluación, son normas para medir el grado de consecución de los objetivos de aprendizaje. En el siguiente gráfico podemos comprobar un ejemplo que demuestra su **coherencia interna** a partir del <mapa de desempeño>, es decir, *"secuenciación de objetivos del área a través de los criterios de evaluación por ciclo y su relación con los de la etapa y los estándares de aprendizaje del R. D. 126/2014"* (O. 17/03/2015).

El R. D. 126/2014, nos indica:

a) **Estándares de aprendizaje evaluables**: son especificaciones de los criterios de evaluación que permiten definir los resultados de aprendizaje, y concretan lo que el alumno debe saber, comprender y saber hacer en cada asignatura; deben ser observables, medibles y evaluables y permitir graduar el rendimiento o logro alcanzado. Su diseño debe contribuir y facilitar el diseño de pruebas estandarizadas y comparables.

b) **Criterios de evaluación**: son el referente específico para evaluar el aprendizaje del alumnado. Describen aquello que se quiere valorar y que el alumnado debe lograr, tanto en conocimientos. *"Los criterios relacionan todos los elementos del currículo y se definen en Andalucía como el referente fundamental para la comprobación conjunta tanto del grado de adquisición de las competencias clave, como del logro de los objetivos de la etapa"* (O. 04/11/2015).

Para el área de Educación Física establece **13 criterios de evaluación**. Están **relacionados** con los niveles alcanzados de (R. D. 126/2014):

- Habilidades perceptivo-motrices y básicas
- Expresión y comunicación
- Ajustes tácticos en el juego
- Conceptos propios del área
- Salud, higiene, alimentación

- Condición física
- Actitudes
- Conocimiento de actividades física, lúdicas, deportivas y expresivas.
- Críticas a conflictos
- Juego en el medio natural
- Seguridad en el juego
- Uso de las TIC
- Respeto a sí mismo, a los demás y a las reglas

Algunos ejemplos de los **44 estándares** o concreciones de los criterios que indica el R.D. 126/2014, son:

1.1. Adapta los desplazamientos a diferentes tipos de entornos y de actividades físico deportivas y artístico expresivas ajustando su realización a los parámetros espacio-temporales y manteniendo el equilibrio postural.
2.2. Representa o expresa movimientos a partir de estímulos rítmicos o musicales, individualmente, en parejas o grupos.
4.1. Identifica la capacidad física básica implicada de forma más significativa en los ejercicios.

No confundir el "***mapa de desempeño***" con el "***desarrollo curricular del área***". En ambos apartados de la O. 17/03/2015 aparece la **evaluación**. El desarrollo curricular "*presenta los criterios de evaluación de cada uno de los ciclos y su relación con el resto de elementos curriculares. Partiendo de cada criterio de evaluación, que describe los aprendizajes imprescindibles y fundamentales que el alumnado tiene que alcanzar en cada área, se ofrecen orientaciones y ejemplificaciones de actividades y tareas y se concretan los contenidos necesarios. También se definen indicadores de evaluación como concreción y secuenciación de los estándares de aprendizaje evaluables de final de etapa, establecidos en los Anexos I y II del R.D. 126/2014, complementándolos con procesos y contextos de aplicación. La integración de estos elementos en diversas actividades y tareas genera competencias y contribuye al logro de los objetivos que se indican en cada uno de los criterios*" (O. 17/03/2015).

2.1.2. EVALUAR POR COMPETENCIAS.

La O. ECD/65/2015, sobre la evaluación de las CC. Clave, indica que "*las competencias clave deben estar estrechamente **vinculadas** a los objetivos para que la consecución de los mismos lleve implícito el desarrollo competencial del alumnado. Así mismo, establece que la **valoración del nivel competencial** adquirido por el alumnado debe estar **integrado** con la **evaluación de los contenidos** de las distintas áreas*". También manifiesta que:

- **Debemos** *tener en cuenta el grado de dominio de las competencias, a través de procedimientos e instrumentos de obtención de datos de acuerdo con sus desempeños en la resolución de problemas que simulen contextos reales, movilizando sus conocimientos, destrezas, valores y actitudes.*
- *Estableceremos las relaciones de los estándares de aprendizaje evaluables[1] con las competencias a las que contribuyen, para lograr la evaluación de los niveles de desempeño competenciales[2] alcanzados por el alumnado.*
- *La evaluación del grado de adquisición de las competencias debe estar integrada con la evaluación de los contenidos.*
- *Los niveles de desempeño de las competencias se podrán medir a través de indicadores de logro[3], tales como rúbricas[4] o escalas de evaluación que tengan en cuenta el principio de atención a la diversidad, de no discriminación, accesibilidad y diseño universal.*
- *Usaremos procedimientos de evaluación variados.*
- *Incorporaremos estrategias que permitan la participación del alumnado en la evaluación de sus logros, como la autoevaluación, la evaluación entre iguales o la coevaluación.*

En todo caso, los distintos procedimientos de evaluación utilizables, como la observación sistemática del trabajo de los alumnos, las pruebas orales y escritas, el portfolio, los protocolos de registro, o los trabajos de clase, permitirán la integración de todas las competencias en un marco de evaluación coherente".

Para valorar el desarrollo competencial del alumnado, serán estos estándares de aprendizaje evaluables, como elementos de mayor concreción, observables y medibles, los que, al ponerse en relación con las competencias clave, permitirán graduar el rendimiento o desempeño alcanzado en cada una de ellas.

El conjunto de estándares de aprendizaje evaluables de un área o materia determinada dará lugar a su perfil de área o materia.

Todas las áreas y materias deben contribuir al desarrollo competencial. El conjunto de estándares de aprendizaje evaluables de las diferentes áreas o materias que se relacionan con una misma competencia da lugar al perfil de esa competencia (perfil de competencia). La elaboración de este perfil facilitará la evaluación competencial del alumnado" (O. ECD/65/2015).

En la evaluación por competencias aparece el término "**indicadores de logro**", que se corresponden con un objetivo, están relacionados con el criterio ya que

---

[1] Estándares de aprendizaje evaluables. Son especificaciones de los criterios de evaluación que permiten definir los resultados de aprendizaje, y que concretan lo que el alumno debe saber, comprender y saber hacer en cada asignatura.

[2] Niveles de desempeño competenciales. Describen las competencias del alumnado en cuanto a lo que saben y saben hacer según la prueba en cada área y grado evaluado. Al evaluar desempeños o ejecuciones tenemos que decidir qué es lo que tendrá que hacer el estudiante para demostrar su desempeño en una tarea y que se pueda verificar. Al concluir la prueba, se evalúa también el producto final.

[3] Indicadores de logro. Son los referentes de evaluación para valorar el desarrollo de las competencias. De cada competencia se identifican varios indicadores para saber si la está consiguiendo. Son enunciados que, respecto a una o varias competencias dadas, identifican un tipo de guía o patrón de conducta adecuado, eficaz, positivo. Proporcionan, al tiempo, una vía directa para determinar, de manera objetivable, el grado en que se alcanzan las competencias. Por ejemplo, "capta la idea global de las informaciones dadas sobre el calentamiento"; "diseña y elabora reglas de un nuevo juego cooperativo".

[4] Una rúbrica o matriz de valoración, es un recurso o herramienta para la evaluación y calificación del aprendizaje, de los conocimientos o del desempeño del alumnado en una actividad concreta (o en un módulo, bloque o materia) y que establece criterios o indicadores y una escala de valoración para cada uno de ellos (ver gráficos-ejemplos en punto 2.3.1.2.c).

emanan del él, lo especifican y tienen la misión de demostrar lo que el alumno/a ha aprendido. Por ejemplo, para una U. D. relacionada con la afirmación de la lateralidad en 1º ciclo:

- **Objetivos didácticos**:
  o Afirmar la lateralidad
  o Desarrollar la imagen corporal
  o Aumentar el nivel de las habilidades perceptivo motrices relacionadas con la lateralidad
  o Usar convenientemente los segmentos corporales
  o Observar y mejorar el dominio lateral visual, auditivo, manual y pédico

Evidentemente, la consecución de estos objetivos hace que contribuyamos al desarrollo de varias **Competencias Clave**. Por ejemplo:

- Desarrollo de la *competencias sociales y cívicas.* Los juegos motores tienen unas reglas que es preciso respetar para el trabajo colectivo.
- Adquisición de la *conciencia y expresiones culturales.* Las actividades propuestas en la U. D. los alumnos experimentan con los recursos expresivos corporales.
- Consecución del *Sentido de iniciativa y espíritu emprendedor,* en la medida que el alumnado mejora el esquema corporal y las habilidades perceptivo-motrices. Esto significa un incremento en su propia autonomía y autoconfianza.
- Adquisición de la *competencia en comunicación lingüística,* ya que las actividades que propongamos implican escuchar y comprender los mensajes orales.

- **Criterio de evaluación** nº 3: Realizar lanzamientos y recepciones y otras habilidades que impliquen manejo de objetos, con coordinación de los segmentos corporales y situando el cuerpo de forma apropiada.

- **Indicadores de logro**:
  o Distingue su mano dominante.
  o Discrimina la zona derecha de la izquierda en sí mismo.
  o Es capaz de lanzar-recepcionar una pelota entre sus manos.
  o Hace lanzamientos precisos con una pelota usando su mano dominante.
  o Puede guiñar un ojo independientemente del otro
  o Lanza y recepciona una pelota contra la pared con el pie dominante.

La LOMCE/2013 destaca la *necesidad de compromisos compartidos entre* **familias** *y profesorado* en diferentes momentos. En concreto, recoge que los padres o tutores deberán **participar** *y apoyar la evolución del proceso educativo* de sus hijos o tutelados, conocer las decisiones relativas a la evaluación y promoción y, finalmente, *colaborar en las medidas de apoyo o refuerzo* que adopten los centros para facilitar su progreso educativo.

2.1.3. TÉCNICAS DE EVALUACIÓN Y FORMAS DE MEDICIÓN.

La "técnica" de evaluación es la forma específica que tenemos para la **elaboración** o producción de los **datos** a observar. En Educación Física podemos hablar fundamentalmente de dos grandes **técnicas** de evaluación: **objetiva** y

subjetiva, que se corresponden con dos formas de medición: **cuantitativa** y **cualitativa** (Contreras y García, 2011).

Evaluación **objetiva** es la que resulta de la utilización de **test** mensurables o cuantificables previamente elaborados. El juicio del maestro no puede alterar los resultados.

Evaluación **subjetiva** es la que depende prioritariamente del **juicio** del docente; basada por lo general en su experiencia personal e influenciada por factores emocionales.

En la actualidad se tiende a utilizar en lo posible la evaluación de tipo objetivo, pero, dada la diversidad de aprendizajes que tienen cabida en el currículo de Educación Física y las **dificultades** que ello entraña para evaluar algunos aspectos educativos, nos es imprescindible la utilización de ambos tipos.

Cuantitativa es toda medición que se asienta en una escala de **medida física** que permite cuantificar, de manera absoluta, una característica particular de la entidad evaluada. Por escala de medida se entiende el tiempo, la distancia, el peso, el número de repeticiones, etc. En consecuencia, una técnica de medición cuantitativa es considerada **objetiva** puesto que el examinador no ejerce ninguna influencia sobre la escala de medición ni sobre el resultado.

Cualitativa es aquella que se basa en una escala de **medición mental** dependiente del pensamiento del examinador. Por oposición a las técnicas cuantitativas, las cualitativas son generalmente asumidas como subjetivas, es decir, en función de juicios de valor y sus variaciones.

Las técnicas de medición cuantitativas conducen siempre a resultados cuantitativos; éstos pueden expresarse posteriormente mediante una **escala** cualitativa, como por ejemplo: "muy deficiente", "insuficiente", "suficiente", "bien" o "excelente". En cuanto a las técnicas cualitativas, éstas pueden conducir a resultados cuantitativos o cualitativos, pues la escala elegida no hace más que reflejar el pensamiento del examinador.

Chinchilla y Zagalaz (2002) aportan la "evaluación **mixta**", que está delimitada por aspectos de la objetiva y subjetiva.

2.1.4. TIPOS DE EVALUACIÓN.

Siguiendo a Blázquez y otros (2010) y a Sebastiani -coord.-, (2009), son varias las formas o maneras de hacerla, atendiendo a variables heterogéneas. Las hemos ordenado en categorías no excluyentes y suponen diversas posibilidades de actuación. El profesorado, según su criterio, el contexto del centro y el momento del proceso, deberá **decidirse** por uno o varios modos. En un cuadro las sintetizamos y posteriormente las explicamos brevemente:

TIPOS DE EVALUACIÓN ATENDIENDO A:	CÓMO HACERLA			
a) Según su sistematización y regularización	Evaluación Continua:			
	E. Inicial	E. Formativa		E. Sumativa
b) Según la referencia	Evaluación Normativa		Evaluación Criterial	
c) Según el ámbito de su aplicación	Evaluación Interna (profesorado y alumnado)		Evaluación Externa (Institucional o de la Administración)	
d) Según la participación del alumnado en el proceso evaluador	Heteroevaluación	Autoevaluación	Recíproca o co-evaluación	Del Proceso y Profesorado

a) **Según su sistematización y regularización. Evaluación continua.** Condensado de Fernández -coord.- (2002), Delgado y Tercedor (2002), Zagalaz (2003) Díaz (2005), Blázquez (2008) y Sebastiani -coord.- (2009).

Se refiere a la **ordenación** y **periodicidad** con la que se produce. El conocimiento y la valoración de la consecución de los objetivos parciales (evaluación continua) nos permiten introducir **correcciones** que facilitan el logro de los objetivos intermedios de cada unidad didáctica y de cada nivel educativo y, como consecuencia, también el de los últimos fines de perfeccionamiento.

Los principales medios son la **observación** del maestro y la **valoración** de las actividades que el alumno desarrolla cotidianamente. La dificultad reside en que el docente ha de compaginar la atención al alumno y a los restantes compañeros.

La Evaluación Continua tiene **tres fases**:

- **Evaluación Inicial**. Nos permite conocer las bases, capacidades, estado físico, intereses, motivaciones y aprendizajes previos del alumnado, datos imprescindibles para determinar los objetivos a trabajar. Es la **competencia curricular previa**.

  La O. de 04/11/2015, indica que es obligatoria hacerla al inicio de cada curso escolar, durante el primer mes. A partir de aquí se obtienen los datos para la toma de decisiones curriculares (apoyo, etc.).

- **Evaluación Formativa, Progresiva, o del Proceso**. Base fundamental del proceso de evaluación. Proporciona información válida y relevante tendente a mejorar el proceso de enseñanza-aprendizaje. ¿Cómo van aprendiendo? ¿Dónde están surgiendo las dificultades de aprendizaje y cómo las podemos subsanar, adoptando, de forma fundamentada, las decisiones necesarias? Se apoya en la **observación** que el docente lleva a cabo sobre el comportamiento del alumnado y en el análisis sistémico del trabajo escolar usando algunas pruebas específicas. Tan pronto como encontremos dificultades de aprendizajes tomaremos las medidas pertinentes.

- **Evaluación Final o Sumativa**. Constituye una **síntesis** de los resultados de la evaluación progresiva, teniendo en cuenta la evaluación inicial y los objetivos previstos, sean éstos los didácticos de cada unidad o, en última instancia, los objetivos generales de área. Así pues, pretende valorar, interpretar y juzgar los resultados obtenidos. Se realiza al final de una unidad de enseñanza-aprendizaje (unidad didáctica, curso, ciclo, etapa, etc.) y hay que informar a las familias regularmente e indicarle los criterios de evaluación, como indica el artículo 10 del D. 328/2010, de 13 de julio, por el que se aprueba el Reglamento Orgánico de las escuelas infantiles de segundo grado, de los colegios de educación primaria, de los colegios de educación infantil y primaria, y de los centros públicos específicos de educación especial, BOJA nº 139, de 16/07/2010.

b) **Según la referencia. Evaluación normativa o criterial**. Lo hemos extractado de Fernández -coord.- (2002), Delgado y Tercedor (2002), Hernández y Velázquez (2004) y Díaz (2005), Blázquez (2008) y Sebastiani -coord.- (2009).

Un segundo tipo de decisión es la referencia mediante la cual se otorga significado a las informaciones que, una vez contrastadas, permiten emitir un **juicio de valor**. Podemos considerar dos tipos de información. Una, en la que el individuo es valorado en relación con el rendimiento de un grupo: evaluación referida a la **norma** (comparación relativa). Y otra, en función al grado con el que el alumno ha alcanzado un nivel de actuación o desarrollo: evaluación en relación con un **criterio**, para la que se precisa la definición explícita del objetivo propuesto (comparación absoluta).

- **Evaluación referida a la Norma**. Corresponde a la intención de **comparar** el resultado de un individuo con un baremo previamente establecido. Es un modo de evaluar que **no** debemos realizar, porque no nos interesa tanto el **producto** resultante como el **proceso** de cambio. Se puntúa el resultado absoluto.

- **Evaluación referida al Criterio**. Ahora se trata, en cambio, de saber el punto de partida de cada cual, con objeto de conocer su progresión personal, valorándose ésta (Stake, 2006).

c) **Evaluación según el ámbito de aplicación**. Resumido de Sales (2001), Hernández y Velázquez (2004), Blázquez (2008) y Sebastiani -coord.- (2009).

Se señala si está efectuada por personas implicadas directamente en el proceso de enseñanza, o si existen intervenciones ajenas a este proceso. Destacamos a dos:

- **Evaluación Externa**.

  Realizada por una institución ajena al propio centro. Es exterior al acto pedagógico y su misión es evaluar la infraestructura docente y su adecuación a las exigencias sociales, aunque a menudo su influencia llega hasta la actuación final del maestro o maestra. La realiza la propia Delegación de Educación a través de una serie de profesionales que envía a los centros.
  La O. ECD65/2015, indica que "*las evaluaciones externas de fin de etapa previstas en la Ley Orgánica 8/2013, de 9 de diciembre, para la Mejora de Calidad Educativa (LOMCE), tendrán en cuenta, tanto en su diseño como en su evaluación los estándares de aprendizaje evaluable del currículo*".

- **Evaluación Interna**.

  Valora la adecuación del sistema a las posibilidades del sujeto. Ejercida directamente por la maestra o el maestro, está íntimamente vinculada a las diferentes fases o funciones de la evaluación (inicial, formativa, sumativa). Siguiendo las líneas del proceso educativo, confronta los objetivos con los resultados, concediendo a la evaluación el valor que le corresponde. Existe el riesgo de estar implicado en la propia situación.

d) **Evaluación según la participación del alumnado en el proceso evaluador**. Lo hemos sintetizado de Sales (2001), Díaz (2005) y Blázquez (2008).

Se refiere al **grado de responsabilidad** que se le otorga al **alumnado**, según sea objeto o sujeto-objeto de la evaluación. Distinguimos a:

- **Heteroevaluación**. Cuando es realizada por el docente y por todas las personas que mantienen relación con el alumno: orientador, tutor, otros profesores, etc.

- **Autoevaluación**. En línea con una concepción renovada de la enseñanza que responsabiliza al alumno de su desarrollo y resultado, se considera que la evaluación debe constituir una función que asume el propio alumno, ya que lo hace protagonista de su propio aprendizaje. Algunas de estas posibilidades, son:
    - El alumno anota, en una ficha puesta a su disposición, la valoración que él ha obtenido.
    - El alumno valora su trabajo en relación con el resultado previsto.
    - En el supuesto que el maestro o maestra haya proporcionado normas claras sobre la realización, el alumno ofrece un criterio de valoración de su propio trabajo.

- **Evaluación recíproca o co-evaluación**. El alumno evalúa a un compañero que, a su vez, es evaluado por éste. Este enfoque permite guardar una cierta distancia sobre sí mismo sin dejar de implicarse en el proceso de evaluación. Tiene un alto valor **afectivo**.

    En el caso de la utilización de procedimientos de observación, bastará con que el profesor tenga bien estructurada las rejillas y que sean fáciles de interpretar para que encuentre en los alumnos unos colaboradores perfectos.

- **Evaluación del proceso y del profesorado**. El alumno debe también intervenir en la evaluación de los restantes elementos que participan, como son el profesorado, el proceso que éste realiza, las condiciones en las que se desarrolla a la enseñanza, etc.
    Esta participación, si bien no es estrictamente una autoevaluación, permite al alumno apropiarse y sentirse responsable de la acción docente. Otorgar responsabilidades al alumnado es también ejercer la libertad y, por ende, el compromiso personal en el quehacer educativo y social.

2.2. EVALUACIÓN DEL PROCESO DE ENSEÑANZA (LA ACCIÓN DIDÁCTICA).

*"Los colegios de educación Primaria realizarán una **autoevaluación de su propio funcionamiento**, de los programas que desarrollan, de los procesos de enseñanza y aprendizaje y de los resultados del alumnado, así como de las medidas y actuaciones dirigidas a la prevención de las dificultades de aprendizaje, que será supervisada por la inspección educativa. El resultado de este proceso se plasmará en una **memoria de autoevaluación** que será aprobada e incluida en el Sistema de Información Séneca antes del 30 de junio de cada año"* (D. 328/2010, por el que se

aprueba el Reglamento Orgánico de los colegios de educación primaria y la Orden 20/08/2010, que lo desarrolla).

La evaluación del proceso implica que todas las **fases** de la acción didáctica deben ser objeto de evaluación, es decir:

> CC. Clave → Objetivos → Contenidos → Actividades → Metodología y Recursos → Evaluación

a. Evaluación de las competencias clave.

- Se trata de averiguar el grado de consecución de las competencias clave (Sebastiani y Blázquez -coord.-, 2009). El enfoque basado en las competencias no resuelve el problema de cómo evaluarlas adecuadamente (Coll, 2007). Para evaluar las competencias es necesario disponer de alguna fuente de información y algunos criterios de evaluación o indicadores de logro (Sebastiani y Blázquez -coords., 2009).

b. Evaluación de los objetivos.

- La continuidad entre los objetivos de Etapa, Área, Ciclo... Se trata de saber si los objetivos más concretos son instrumentales en función de la consecución de los objetivos más generales.
- La pertinencia o actualidad de los objetivos: en qué medida los objetivos propuestos responden a las necesidades actuales.

c. Evaluación de los contenidos.

- La vinculación objetivo-contenido responde hasta qué punto éstos han sido apropiados para la consecución de aquéllos, bien por su relación directa, bien por transferencia. Su proporción vertical-horizontal.

d. Evaluación de las actividades.

- Surgen a partir de los contenidos. Es preciso reflexionar si son adecuadas para satisfacer a los contenidos y conseguir los objetivos formulados. También si son apropiadas al grupo según su madurez, intereses, aprendizajes previos, etc. de aquél. Igualmente si son seguras y no plantean riesgos. Incluimos en este apartado la propia estructura de las **sesiones**.

e. Evaluación de la metodología.

- Hay que considerar la organización grupal, técnica de enseñanza, estrategia en la práctica, relación trabajo/pausa, estilos de enseñanza utilizados, clima de aula, las diferencias individuales, etc.

f. Evaluación de los recursos.

- El aprovechamiento de los medios de todo tipo con que cuente el centro: materiales, personales, humanos, espaciales... y ambientales.
- Su idoneidad, seguridad, capacidad para motivar, su multifuncionalidad, etc.

g. Evaluación del sistema de evaluación. (Metaevaluación).

- Una vez que el profesorado evalúa todo lo anterior en el documento de evaluación, a través de técnicas de observación, se vuelve a comprobar-evaluar si los procesos que ha realizado se corresponden con la realidad del centro: alumnos, docentes, etc. y a través de esa "evaluación de la evaluación", el maestro y la maestra investigan y reflexionan sobre su propia **práctica**.

- Es, en cierto modo, un proceso de feedback ya que el docente obtiene una información de lo realizado y pone las medidas correctoras oportunas para mejorar la calidad de su enseñanza, que es en definitiva de lo que se trata.

También se puede evaluar la "fase **práctica o realización**" (Sales, 2001). Se trata de **comparar** las previsiones realizadas por el maestro o maestra antes de efectuar el acto educativo y la realidad surgida con el alumnado. Obviamente, la fase práctica la podemos **incluir** directamente en cada uno de los **puntos** anteriores.

Debemos evaluar los procesos de enseñanza y el Proyecto Educativo del Plan de Centro. Históricamente se había centrado en el control de los resultados del aprendizaje de alumnas y alumnos. En los últimos años hemos comprobado el gran potencial de la evaluación como **herramienta** para gestionar los mismos aprendizajes y garantizar su calidad Se establece definitivamente la importancia de asociar los procesos evaluadores a los de desarrollo y potenciación de nuestra capacidad para aprender (Blázquez y Sebastiani -coords.-, 2009).

En este sentido, el artículo 28 del D. 328/2010, indica que son competencias de los equipos de ciclo, además de la elaboración de las programaciones didácticas y las propuestas pedagógicas correspondientes al mismo, de acuerdo con el proyecto educativo, el **seguimiento** para controlar su **cumplimiento y proponer las medidas de mejora que se deriven del mismo**. También, que los equipos de ciclo deberán evaluar la práctica docente y los resultados del proceso de enseñanza-aprendizaje.

La evaluación de la enseñanza y de la práctica docente deberá abordar, al menos, los siguientes **aspectos**:

- La organización del aula y el aprovechamiento de los recursos del centro.
- El carácter de las relaciones entre el profesorado, entre éste y el alumnado, así como la convivencia entre alumnas y alumnos.
- La coordinación entre los órganos y personas responsables en el Centro de la planificación y desarrollo de la práctica docente: Equipo Directivo, Claustro de Profesores, Equipo Técnico de Coordinación Pedagógica, Tutores, Maestros especialistas y de apoyo.
- La regularidad y calidad de la relación con los padres, madres o tutores-as legales.

Además, se evaluarán aspectos del Plan de Centro, como:

- Adecuación de los objetivos a las características del alumnado.
- Distribución equilibrada y adecuada de los contenidos por ciclos.
- Efectividad de la metodología y recursos utilizados.
- Validez de los criterios de evaluación.
- Adecuación de las medidas adoptadas para la atención a la diversidad.

El Equipo Técnico de Coordinación Pedagógica será el encargado de proponer al claustro, para su aprobación, el plan de evaluación de la práctica docente y el Plan de Centro.

2.2.1.- EVALUACIÓN DEL PROFESORADO.

Que el profesorado sea también sometido a evaluación es una necesidad que debe ser asumida con criterios positivos. No se trata de una actuación de control o fiscalizadora; todo lo contrario, ha de ser una acción claramente orientadora, estimulante, y parte esencial del proceso de formación permanente del profesorado (Díaz, 2005). El docente debe buscar su mejora competencial (Blázquez, 2013). La evaluación del mismo reúne varias finalidades (Blázquez, 2008):

- Conseguir una auténtica calidad de la enseñanza.
- Mejorar la función docente y estimular el reconocimiento de su labor.
- Permitir que su trabajo-acción pueda ser sometido a un proceso de reflexión crítica que se convierta en uno de los elementos de su formación y perfeccionamiento.
- Podemos añadir que es un elemento favorecedor de su actualización profesional.

Sales (2001), propone varias líneas de evaluación del maestro: auto-observación, observador externo (compañero), opiniones del alumnado en asambleas o mediante la aplicación de cuestionarios y realizando grabaciones en formato vídeo (autoscopia).

Díaz Lucea (2005), por su parte, clasifica los ítems a observar del maestro/a en tres bloques o líneas:

a) Sus funciones pedagógicas: como educador, instructor, formador, tutorial, etc.
b) Las acciones derivadas de las funciones pedagógicas: planificador de su enseñanza, como diseñador de actividades, como animador en su proceso didáctico, como generador, conductor y creador de buen clima en clase, etc.
c) El perfil humano: tipo y nivel de formación, carácter, motivaciones, intereses, etc.

Debemos significar que el artículo 157 de la LEA, al CEJA tiene establecido un sistema de evaluación del profesorado y de esta forma acreditar méritos para su promoción profesional. El órgano responsable de su gestión es la Agencia Andaluza de Evaluación Educativa.

2.3. MECANISMOS E INSTRUMENTOS DE EVALUACIÓN.

Los **mecanismos** son, según el D.R.A.E., "*el conjunto de las partes o la estructura de un cuerpo natural o artificial y la combinación de sus partes constitutivas*". Por ello, entendemos, que los mecanismos de la evaluación son los "procedimientos, engranajes, o pasos" que seguimos a la hora de llevar a cabo la evaluación. No obstante, reconocemos que puede tener **múltiples interpretaciones**, ya que existen **numerosos estudios, autores y términos**. Por ejemplo, también es habitual llamar "*procedimiento*" al mecanismo. Distinguimos a los siguientes pasos o fases (Delgado y Tercedor, 2002) y (Zagalaz, 2003):

- **Definición de objetivos.** Es la preparación de lo que deseamos evaluar, por ejemplo la habilidad del salto, cuándo y mediante qué técnica e instrumento.

- **Medición.** Es la recogida de datos, por ejemplo, la forma de realizar la fase de batida, vuelo y caída en un salto.

- **Emisión de juicios de valor.** Es la interpretación de datos. Análisis de los mismos con los anteriores o con otras referencias.

- **Valoración de resultados.** Es la toma de decisiones al final del mecanismo seguido. Damos nuestro parecer, dictaminamos lo realizado, si ha progresado adecuadamente, etc. Por ejemplo, la fase de impulso ahora es mejor que en la observación anterior.

Los **instrumentos** de evaluación son los múltiples recursos específicos (herramientas) que disponemos para recoger información del proceso y que se plasma en algún documento para medir (Contreras y García, 2011). Por ejemplo, listas, escalas, registros diversos, fichas, cuestionarios, etc. En los últimos años, y cada vez más, debemos señalar las **Apps** (aplicaciones), para móviles y tabletas. Por ejemplo, **Idoceo**, que viene a sustituir al tradicional cuaderno de evaluación: nombres, datos familiares y académicos, faltas de asistencia, registro anecdótico, evaluaciones, adaptaciones, etc.

TABLAS: *Resumen de los instrumentos de evaluación.*

2.3.1. TÉCNICAS DE OBSERVACIÓN	2.3.2. PRUEBAS DE EXPERIMENTACIÓN

2.3.1.1. Observación Directa
• Registro Anecdótico o Diario de Clase
• Registro de Incidentes Críticos
 	
2.3.1.2. Observación Indirecta
a) Lista de Control
b) Escalas de Clasificación
   b.1) Ordinales o Cualitativas
   b.2) Numéricas
   b.3) Gráficas
   b.4) Descriptivas
c) Rúbricas o Matrices
d) Otros:
   c.1) Ludograma.
   c.2) Sociograma
	a) Pruebas de Ejecución
	
	b) Test Motores
	
	c) Pruebas Teóricas
	
	d) Registro de Acontecimientos
	
	e) Cuaderno de Trabajo/Portfolio
	
	f) Grabaciones de Video

2.3.1.- TÉCNICAS DE OBSERVACIÓN.

Si bien en muchos casos los métodos cuantitativos pueden representar un aspecto motivador, no permiten extraer más conclusiones que los datos propios del fenómeno observado. En consecuencia, es necesario utilizar instrumentos que estén basados en **técnicas de observación** con los que informar al alumno del nivel conseguido y de los fallos cometidos en cualquier momento del acto didáctico. Con ellas el docente logra una información constante que posibilita el reajuste del proceso elegido o las modificaciones oportunas para los alumnos con problemas.

La observación realizada por el profesor debe ser (Blázquez, 2008):

- **Planificada**: realizada en función de un objetivo definido, buscando los hechos significativos en el trabajo y el comportamiento del alumno.

- **Sistemática**: los resultados son más fiables cuando han sido comprobados en días y situaciones diferentes.
- Lo más **completa** posible: ha de tender a abarcar todos los aspectos que inciden en el aprendizaje, tales como conceptos, procedimientos, actitudes, etc.
- **Registrable** y registrada: es una temeridad confiar a nuestra memoria lo observado y un juicio arriesgado el que emitimos fiándonos de nuestra memoria y experiencia.

2.3.1.1. OBSERVACIÓN DIRECTA.

Constituida principalmente por las **impresiones personales** del maestro respecto al alumno. Estudia al alumno/a como sujeto activo de su formación durante el proceso educativo.

- **Registro Anecdótico**. Es una breve **descripción** de algún **comportamiento** que consideramos importante para los propósitos de la evaluación. Con arreglo a estas "anécdotas" o hechos casuales, el evaluador realiza un juicio del individuo en relación con algún aspecto concreto del programa de evaluación previsto (Delgado y Tercedor, 2002).
- **Registro de incidentes críticos**. Consiste en anotar comportamientos o hechos en el aula no esperados. Por qué ha surgido, su desarrollo y la resolución del mismo.

2.3.1.2. OBSERVACIÓN INDIRECTA.

Constituida por unas listas y escalas que expresan unos niveles a valorar y que están **previamente** establecidos, al contrario de lo que sucede con la "directa". Los aspectos a observar están relacionados con el ámbito motor y afectivo.

a) **Lista de Control**

Consiste en un conjunto de frases que expresan conductas, positivas o negativas, secuencias de acciones, etc. ante las cuales el examinador señalará su ausencia o presencia como resultado de su observación metódica, sistemática. Ponen de manifiesto la **aparición o no** de un aprendizaje o rendimiento, y pueden reducirse a acciones muy específicas.

Exige únicamente un sencillo **juicio "sí"** / **"no"**. También existen listas que contemplan un tercer parámetro: "**a veces**" o expresiones similares. La suma de los síes o de los noes puede ser interpretada como una forma de medición (Díaz, 2005).

b) **Escalas de Clasificación** (también llamadas de **puntuación** o de **evaluación**).

Ordenan el comportamiento motor del alumnado en la realización de una habilidad dentro de una escala con varios niveles, pero siempre con sus extremos definidos, es decir, desde una realización muy endeble a otra inmejorable (Díaz, 2005). Superan la eficacia de la listas de control porque exigen que el docente que observa se fije no sólo en la realización u omisión de una tarea, sino que además **valore** esa operación con un **juicio**. Las escalas conforman una serie que permite situar al individuo en función del grado del comportamiento o de la característica pretendida. Se utilizan como control del aprendizaje o como evaluación del rendimiento deportivo. Destacamos los siguientes **tipos** (Delgado y Tercedor 2002):

b.1) Escalas Ordinales o Cualitativas. Provienen del "modelo Lickert" (Colás y Buendía, 1998). Consiste en una serie de ítems que no siempre guardan las mismas proporciones, sobre un aprendizaje concreto. Carecen de "cero" y máximo y sirven para ordenar a los individuos en función de la prueba. Es frecuente utilizar escalas hasta cinco y siete puntos. De una manera general, se efectúa la evaluación según los siguientes baremos: 1 Muy deficiente; 2 Insuficiente; 3 Bien; 4 Muy bien; 5 Excelente. Pero antes debemos tener claro qué entendemos por cada uno de estos cinco niveles.

b.2.) Escalas Numéricas. Son las que están definidos sus extremos por un 0 y un 10 y los intervalos son idénticos.

b.3) Escalas Gráficas. El docente señala en un gráfico el grado en que se encuentra, según sus observaciones, el rasgo de la conducta que pretende evaluar. Esa característica es seguida por una línea horizontal, sobre la cual se señala la categoría advertida por el observador.

b.4) Escalas Descriptivas. Consisten en breves detalles concretos y exactos sobre el rasgo observado. El docente señala la posición del alumno en relación con la descripción de ese rasgo.

c) **Rúbricas o matrices de evaluación**.

Con esta denominación se implantan en España con la LOMCE/2013 y con el paso de las UU. DD. a las UDI. Realmente tienen muchas **similitudes** con las **escalas** vistas en el punto anterior, constituyéndose rápidamente en una **herramienta** muy popular en el ámbito educativo porque valora el nivel competencial[5]. Éstos los tenemos, como con las escalas, previamente determinados antes de producirse el acto evaluador. Normalmente optamos por la forma de una tabla o matriz, donde desglosamos algunos indicadores de la actividad a realizar y una red de estándares con distintos niveles de desarrollo vinculados a una graduación de niveles de desempeño. La **combinación** de la tabla, cuadro o **matriz** más los **estándares** y **descriptores**, a los que sumamos los **niveles de desempeño**, dan lugar a la **rúbrica**. Hay rúbricas analíticas (una tarea), globales (todo el proceso), decimales (valores numéricos), no decimales (pragmáticas), de mínimos (lo mínimo a alcanzar), de máximo (los valores máximos a alcanzar), indicadores de logro (desde lo mínimo para conseguir éxito a lo máximo nivel alcanzable), valores positivos (no tienen valor negativo para motivar alumnado). Evidentemente, las rúbricas las puede realizar el propio alumnado, maestro/a o equipo docente. Hay una serie de **Apps** que nos facilitan su diseño: RubiStar; Additio App; Erubric; etc.

La matriz o rúbrica **se compone** de: **Encabezado** (lo que vamos a evaluar: objetivo, habilidad, criterio, estándar, competencia, etc.); **Indicador** (cada objetivo o dimensión en que desglosamos el encabezado); **Escala** (niveles o puntuaciones, normalmente de 1 a 4, de los grados de dominio adquirido); **Descriptor** (la descripción de cada uno de los niveles del escalado o nivel de desempeño).

---

[5] La O. ECD/65/2015, art. 7.4, realmente iguala rúbrica con escala de evaluación: "*Los niveles de desempeño de las competencias se podrán medir a través de indicadores de logro, tales como rúbricas o escalas de evaluación*".

TABLA. *Ejemplo genérico de rúbrica.*

ENCABEZADO				
	4 EXCELENTE	3 BUENO	2 MÍNIMO	1 NO LOGRA
INDICADOR DE LOGRO 1	Descripción	Descripción	Descripción	Descripción
INDICADOR DE LOGRO 2	Descripción	Descripción	Descripción	Descripción

TABLA. *Ejemplo concreto sobre el aprendizaje de la habilidad específica del bote en Mini Basket, tiro de personal y actitud en clase.*

RÚBRICA SOBRE HABILIDADES EN MINI BASKET				
	EXCELENTE	BUENO	MÍNIMO	SIN LOGRO
REALIZAR BOTE EN ZIG-ZAG	Coordinado, velocidad y una y otra mano	Coordinado y uso de una y otra mano	Una y otra mano, pero muy despacio	Descoordinado, se le escapa balón
LANZAMIENTO DE CINCO TIROS PERSONAL	Muy técnico. Encesta 4-5 veces	Anota de vez en cuando. Detalles de inhabilidad.	Anota una vez. Lanza con dos manos.	No anota. Descoordina. Tira "pedrada".
ACTITUDES EN CLASE	Atento y participativo	Casi siempre atento y participativo	A veces despistado. Una vez llamo atención	Descentrado. En muchas ocasiones llamar atención.

TABLA. *Componentes de una rúbrica para evaluar el uso de las TIC en la U.D. de juegos populares.*

USO DE LAS TIC PARA INVESTIGAR JJ. PP.					
Indicadores (objetivos)	Grados de dominio adquirido				Instrumentos de evaluación
	1	2	3	4	
Utiliza las TIC para descubrir juegos populares de la región.	Es incapaz de utilizar las TIC	Utiliza las TIC de forma guiada	Utiliza las TIC de forma autónoma	Utiliza las TIC de forma autónoma usando diferentes herramientas en función del objeto de la búsqueda	Valoración de los procedimientos de trabajo del alumnado. Valoración de las producciones del alumnado

d) **Otros**.

d.1) <u>Ludograma</u>. Se realiza a partir de la ejecución de un juego grupal, por ejemplo los "10 pases". Anotamos el número de veces que cada jugador toca el balón. Posiblemente quienes más lo hacen tienen más afinidades socio afectivas entre ellos.

d.2) <u>Sociograma</u>. Se basa en la representación gráfica de las interrelaciones entre los miembros del grupo, tras tabular los datos obtenidos a través de unas listas confidenciales en las que el alumnado ha mostrado sus preferencias individuales (Delgado y Tercedor, 2002).

2.3.2. PRUEBAS DE EXPERIMENTACIÓN.

Las **técnicas experimentales** objetivan, en buena medida, los datos procedentes de la observación continuada del maestro, ya que miden lo que el sujeto es capaz de hacer tras un aprendizaje, después de un proceso determinado (Blázquez, 2008).

a) Pruebas de ejecución.

Blázquez (2008) las define como aquellas que exigen que el alumno realice una tarea poniendo de manifiesto la eficacia del aprendizaje. Por ejemplo, ante el criterio de evaluación de "saltar coordinadamente batiendo con una pierna", tendremos en cuenta la progresión en la carrera de aproximación, la batida, la fase vuelo y la caída eficaz con las dos piernas.

b) Test motores.

Un test es una situación experimental estándar que actúa como estímulo para un comportamiento que se evalúa mediante una comparación estadística con el de otros individuos colocados en la misma situación. De esta forma se clasifica al sujeto examinado con criterios cuantitativos. Por ejemplo, carrera de 40 metros para medir la velocidad de desplazamiento (Delgado y Tercedor, 2002).

Los datos obtenidos deben servirnos para **controlar** y ver su **progresión** personal.

c) Pruebas teóricas.

Pueden ser de muchos tipos. Por ejemplo, las de **evocación** requieren recordar conceptos o datos trabajados en clase. También podemos optar por las de "verdadero o falso", las de elección de respuesta múltiple, completar frases, etc.

d) Registro de acontecimientos.

Se anota la conducta previamente definida cada vez que se observa. Son muy comunes las plantillas de Baloncesto, por ejemplo, número de fallos en tiros de personal. Normalmente no es aplicable en Primaria (Delgado y Tercedor, 2002).

e) Cuaderno de alumnas y alumnos. (Cuaderno de trabajo o de campo).

Es un instrumento que cada vez está más extendido. El docente lo pone a disposición del alumnado para ayudar a desarrollar los contenidos del área. En la nuestra debemos utilizarlo para relacionar los **contenidos prácticos** que se desarrollan en las sesiones con los teóricos que interesen conocer. Por ejemplo, el calentamiento y los estiramientos a realizar en las actividades deportivas durante el tercer tiempo pedagógico. De esta manera, la narración se convierte en reflexión y un medio de gran potencialidad expresiva. No olvidemos la necesidad de introducir actividades relacionadas con la lectura, escritura y expresión oral, que debemos **evaluar** también. El **portfolio** nos permite ir archivando todos estos trabajos y otros relacionados, por ejemplo, con la autoconstrucción de materiales: palas/raquetas, carteles, maquetas, pelotas de malabares, paracaídas, zancos, etc. (Blázquez y Sebastiani -coords.-, 2009).

f) **Grabaciones en vídeo**.

Es un medio que cada vez se utiliza más. Es válido para evaluar los aprendizajes del alumnado y la propia práctica del docente, la interacción grupal, los niveles de participación y todos aquellos elementos que conforman los procesos de aula. En determinados contextos puede ser un **problema** la **grabación** de menores de edad, de ahí que esta tendencia tan popular hace unos años haya ido diluyéndose.

En cualquier caso, todo lo anterior está en pleno desarrollo, por lo que cada poco tiempo aparecen otras formas, bien nuevas, bien "cambiadas de nombre". Algunos ejemplos (Díaz, 2005), son: Lluvias de Ideas; Entrevistas Personales; Actividades con Imágenes; Contrato Didáctico; Instrumentos de Interrogación; etc.

2.4.- APLICACIÓN DE LAS TECNOLOGÍAS DE LA INFORMACIÓN Y DE LA COMUNICACIÓN (TIC) EN LA EVALUACIÓN DE EDUCACIÓN FÍSICA.

Díaz (2005), expresa que la incorporación de las TIC en la escuela es una exigencia social debido a la revolución tecnológica en la que estamos inmersos.

La utilización de las TIC es un recurso más e **imprescindible** en el proceso de enseñanza y aprendizaje que se empieza a conocer como las "**nuevas didácticas**". Muchos de los contenidos conceptuales pueden ser aprendidos y evaluados a través de la utilización didáctica de las TIC (Cebrián -coord.- 2009).

En el caso de la **evaluación** de la Educación Física, las TIC son usadas para gestionar estadísticamente datos del alumnado, búsqueda de información, emisión de informes y opiniones, etc. (Martínez López, 2001). Por ello es normal el uso de hojas de cálculo, procesadores de texto, y otros programas diseñados expresamente como apoyo a la evaluación del área, como el "**Programa Séneca**", regulado por el Decreto 285/2010, de 11 de mayo.

Dentro de este amplio conjunto mencionamos algunas posibilidades de uso de las TIC como recurso educativo para el aprendizaje como **instrumento** y **medio** de evaluación (Blázquez y otros, 2010).

- **Web Quests**.- Son actividades guiadas de búsqueda de informaciones relativas a un tema o contenido que se encuentra en Internet y que los alumnos tienen que concretar y resolver con el soporte de un documento virtual previamente preparado por el maestro o maestra. Su diseño es parecido a una unidad didáctica.

- **Los deberes Web**.- Sirven para poner trabajos a modo de actividades complementarias y que sirvan para evaluar determinados contenidos.

- **Actividades de colaboración en la red**.- Aprovechamos los espacios compartidos para realizar actividades cooperativas entre alumnos con separación geográfica para resolver una determinada tarea. El maestro orienta y motiva, para al final evaluar el trabajo. Por ejemplo, **Moodle** es una plataforma de formación online gratuita para mandar trabajos a los alumnos y evaluarlos.

- **Los "Plan Lesson"**.- Actividades de aprendizaje de corta duración a resolver por el alumnado mediante el uso de Internet o de cualquier otro recurso que ofrecen las TIC

- **La caza del tesoro**.- Es una actividad didáctica que usa varias direcciones de Internet para resolver un conjunto de preguntas. Incluye una gran pregunta que requiere que los alumnos integren los conocimientos adquiridos durante el proceso.

Si bien en el punto anterior manifestamos que las formas e instrumentos para evaluar están en **pleno desarrollo** y que cada poco tiempo aparecen nuevas maneras, este aspecto es mucho más significativo en el ámbito de los medios **multimedia** e **Internet**.

Sin ir más lejos, las **PDA en el aula** nos proporcionan numerosas posibilidades para evaluar al instante numerosos aspectos del aprendizaje, facilitándonos la recogida y procesamiento de datos. Lo mismo podemos decir de las "wikis" que nos surten de herramientas para facilitar el trabajo cooperativo y colaborativo en red.

Ya vimos en los temas 1, 19, 23, entre otros, que una de las nuevas **concepciones** y **recursos** en Educación Física pasa por el uso de las TIC, así que la **evaluación** no se queda atrás en este sentido. En resumen, podemos citar algunas de las **Apps** que son más populares entre el profesorado de Primaria:

1) **Gradekeeper**: una herramienta que sirve para evaluar, pasar lista, hacer un diagrama con los sitios físicos que ocupa cada uno en el aula, crear categorías de tareas y asignar diferentes pesos a cada tipo de categoría.
2) **Markup**: los alumnos envían su trabajo a un correo asignado por esta App y, con nuestra tablet, recibirlos y calificarlos, poder comentarios, tachar, etc.
3) **IGrade for Teacher**: otra App parecida a Gradekeeper pero que genera excelentes gráficas.
4) **Grading Fusion**: esta es una fusión de las anteriores. Esta App permite crear rúbricas, llevar calificaciones e incluso subir los documentos elaborados por los alumnos creando sus portafolios digitales.
5) **Teacher Tool One**: es una herramienta gratuita que permite hasta tener 30 alumnos. Permite llevar las calificaciones de los alumnos, agregar anotaciones que podemos usar posteriormente y generar reportes.
6) **Teacher Kit** (antes Teacher Pal): permite controlar la asistencia, comportamientos, incidencias (registro anecdótico), las calificaciones, la colocación de los alumnos en el aula, importar y exportar datos, y además admite la sincronización con Dropbox.
7) **ITeacher book**: nos permite tener todo organizado: agenda, aula/gimnasio, horario, alumnos (con su fotografía y correo), tareas, enviarles correo, calificar, generar reportes, etc.
8) **Easy Assesment**: Es una herramienta que sirve para crear rúbricas y evaluar dentro de la aplicación. La innovación de esta App es que pueden agregar comentarios con audio y/o video para los alumnos, por lo que es muy apropiada en el aprendizaje motor de base y deportivo.
9) **Essay Grader**: Esta App para calificar ensayos, puede apoyar la evaluación gracias a comentarios pre-cargados. La App genera una hoja de evaluación para el alumnado que incluye las notas pre-cargadas, nuevas notas y la calificación.
10) **Kidblog**: es una plataforma que permite crear blogs sencillos y pensados para utilizar dentro de un contexto de aula. NOTA: Un blog (en castellano también se denomina bitácora digital, cuaderno de bitácora, ciber bitácora, ciber diario, o weblog) es un portal web en el que uno o varios autores publican cronológicamente textos o artículos, apareciendo primero el más reciente, y donde el autor conserva siempre la libertad de dejar publicado lo que crea pertinente. Un blog puede sirve para publicar ideas propias y opiniones de terceros sobre varios temas: violencia en el deporte, respeto a las reglas, etc.
11) **CoRubrics**: Sirve para que el profesor genere y evalúe a su alumnado con una

rúbrica y también para que los alumnos se evalúen entre ellos con una rúbrica. Otras aplicaciones son: **Assessmate, RubiStar; Additio App; Erubric**; etc

12) **Symphonical**: responde a la aplicación de metodologías docentes activas para mejorar el proceso de aprendizaje de nuestros alumnos. Es como una "pizarra digital", donde cada uno cuelga sus trabajos colaborativos.
13) **Estiramientos**: aplicación que enseña a estirar los grupos musculares concretos.
14) **iDoceo** es un cuaderno tradicional de notas para iPad. Podemos insertar y editar cualquier información referente a clases, materias y alumnos, visualizándolo por periodos escolares (trimestres, cuatrimestres, semestres...). Y todo ello sin tener que estar conectado a Internet.

2.5. EVALUACIÓN DEL ALUMNADO CON N.E.A.E.

Independientemente de todo lo anterior, la O. de 04/11/2015, sobre evaluación de Primaria en Andalucía, establece en su art. 15 la correspondiente al alumnado con N.E.A.E. Los puntos que más nos interesan dado el contenido del Tema 24, son:

- *La evaluación del alumnado con necesidades específicas de apoyo educativo se regirá por el principio de inclusión y asegurará su no discriminación y la igualdad efectiva en el acceso y la permanencia en el sistema educativo.*
- *El equipo docente deberá adaptar los instrumentos para la evaluación del alumnado teniendo en cuenta las necesidades específicas de apoyo educativo que presente.*
- *La evaluación y promoción del alumnado con necesidades específicas de apoyo educativo con adaptaciones curriculares, será competencia del equipo docente, con el asesoramiento del equipo de orientación del centro y bajo la coordinación de la persona que ejerza la tutoría.*
- *Cuando la adaptación curricular sea significativa, la evaluación se realizará tomando como referente los objetivos y criterios de evaluación fijados en dichas adaptaciones.*
- *El profesorado especialista participará en la evaluación del alumnado con necesidades educativas especiales, conforme a la normativa aplicable relativa a la atención a la diversidad.*
- *En la evaluación del alumnado que se incorpore tardíamente al sistema educativo y que, por presentar graves carencias en la lengua española, reciba una atención específica en este ámbito, se tendrán en cuenta los informes que, a tales efectos, elabore el profesorado responsable de dicha atención.*
- *El alumnado escolarizado en el curso inmediatamente inferior al que le correspondería por edad, al que se refiere el artículo 18.4 del D. 97/2015, se podrá incorporar al grupo correspondiente a su edad, siempre que tal circunstancia se produzca con anterioridad a la finalización del segundo trimestre, cuando a juicio de la persona que ejerza la tutoría, oído el equipo docente y asesorado por el equipo de orientación educativa, haya superado el desfase curricular que presentaba.*

3. FUNCIÓN DE LOS CRITERIOS DE EVALUACIÓN DE ETAPA.

*"El enfoque dado a los criterios de evaluación genera una **estructura relacional y sistémica** entre todos los **elementos** del currículo, es decir, permite la **adecuación** de un criterio de evaluación para un ciclo determinado y fija los procesos principales a desarrollar y evaluar en el alumnado. Dichos procesos aplicados en contextos determinados **generan competencias** y facilitan la consecución de los **objetivos** de la etapa"* (D. 97/2015).

"*Los indicadores de evaluación utilizados tanto, en los procesos de evaluación interna de los centros como en las evaluaciones externas que se desarrollen por la Administración educativa de Andalucía, han de considerarse factores de rendimiento junto a otros de proceso y, lo más importante, factores de equidad que aporten equilibrio al Sistema Educativo. La aplicación de las órdenes de la Administración educativa andaluza que establezcan los procesos de evaluación de todo el sistema educativo va a aportar datos específicos que se tendrán en cuenta para mejorar los procesos educativos y el rendimiento escolar. Los planes de mejora de los centros que se derivan de los datos de estas evaluaciones han de contemplar prioritariamente las acciones específicas que mejoren los índices de equidad que aparezcan en los resultados de la evaluación. En ningún caso, los resultados de las evaluaciones serán utilizados para establecer comparaciones o "ranking" de centros y alumnado*" (D. 97/2015).

Los criterios de evaluación cumplen una serie de **funciones**, es decir, tienen diversas **utilidades** para el docente, alumnado y resto de la comunidad educativa. No podemos considerarlas aisladas, sino interrelacionadas.

A partir de la "Reforma", a la evaluación se le reconocen una serie de funciones, que hoy día están en plena vigencia:

a.- Proporcionar información sobre los aspectos a considerar para determinar el tipo y grado de aprendizaje que hayan alcanzado los alumnos y alumnas, en cada uno de los momentos del proceso.

b.- Deben tener en cuenta que el nivel de cumplimiento de objetivos no ha de ser establecido de forma rígida sino flexible.

c.- También deben considerar los distintos tipos de contenidos de manera integrada.

d.- Han de guiar la concreción y secuenciación de criterios de cada ciclo y aula, según lo que expliciten los proyectos curriculares realizados por la comunidad escolar.

e.- Deben ser aplicados considerando la diversidad de características personales y socioculturales del alumnado.

f.- Su aplicación hará posible matizar las diversas posibilidades de acercamiento óptimo a los objetivos y capacidades que prescribe el currículo.

g. Deben funcionar como reguladores de las estrategias puestas en juego, según las necesidades o desajustes detectados.

h.- Serán indicadores de la evolución de los sucesivos niveles de aprendizaje de los alumnos".

CONCLUSIONES

Hemos visto, siguiendo al R.D. 126/2014 y a la O. del 17/03/2015, que la evaluación debe girar en torno a su planteamiento más formativo basada en los procesos que quedan definidos en los objetivos del área. Trataremos de considerar el esfuerzo y el trabajo realizado además del resultado. Entendiendo que deben existir distintos niveles de exigencia en las destrezas, atenderemos al proceso y todos los elementos que intervienen con una evaluación continua, flexible e individualizada que atienda a la diversidad y favorezca realizar mejoras, adaptándose a la realidad educativa en la que se inserta el alumnado y haciendo partícipe de ésta a sus protagonistas.

Hemos comprobado durante el tema la importancia que tiene el acto de evaluar en nuestra intervención educativa. También, lo enriquecedor que podemos hacer el proceso, por ejemplo implicando al propio alumnado y familia. No podemos olvidar lo necesario que resulta evaluar nuestra práctica, como camino del propio desarrollo profesional docente y, por lo tanto, del sistema. Los mecanismos e instrumentos también son numerosos y admiten cualquier tipo de adaptación, destacando hoy día las **Rúbricas o Matrices** y el recurso de los medios informáticos. Por otro lado, hemos visto los criterios oficiales de evaluación que nos deben guiar y que los debemos adaptar a nuestras circunstancias particulares y contextuales.

BIBLIOGRAFÍA

- BLÁZQUEZ, D.; CAPLLONCH, M.; GONZÁLEZ, C.; LLEIXÁ, T.; (2010). *Didáctica de la Educación Física. Formación del profesorado*. Graó. Barcelona.
- BLÁZQUEZ, D. (2008). *Evaluar en Educación física.* (10ª edición). INDE. Barcelona.
- BLÁZQUEZ, D. (1993). *Orientaciones para la evaluación de la Educación Física en la Enseñanza Primaria*. En VV. AA. *Fundamentos de Educación Física para Enseñanza Primaria*. Volumen II. INDE. Barcelona.
- BLÁZQUEZ, D. y SEBASTIANI, E. -coords.- (2009). *Enseñar por competencias en Educación Física*. INDE. Barcelona.
- BLÁZQUEZ, D. (2013). *Diez competencias docentes para ser mejor profesor de Educación Física*. INDE. Barcelona.
- CASTILLO, S. (2002). *Compromisos de la evaluación educativa*. Prentice Hall. Madrid.
- CEBRIÁN, M. -coord.- (2009). *El impacto de las T.I.C. en los centros educativos*. Síntesis. Madrid.
- COLL, C. (2007). *Las competencias en la educación escolar: algo más que una moda y algo menos que un remedio*. Aula de Innovación Educativa, nº 161. Graó. Barcelona.
- CHINCHILLA, J. L. y ZAGALAZ, Mª L. (1997). *Educación Física y su Didáctica en Primaria*. Jabalcuz. Torredonjimeno (Jaén).
- CHINCHILLA, J. L. y ZAGALAZ, Mª L. (2002). *Didáctica de la Educación Física*. CCS. Madrid.
- COLÁS, P. y BUENDÍA, L. (1998). *Investigación educativa*. Alfar. Sevilla.
- CONTRERAS, O. (2004). *Didáctica de la Educación Física. Un enfoque constructivista*. INDE, Barcelona.
- CONTRERAS, O. R. y GARCÍA, L. M. (2011). *Didáctica de la Educación Física. Enseñanza de los contenidos desde el constructivismo*. Síntesis. Madrid.
- CRESPO, M. (2016). *Rúbricas*. En VV. AA.: *Apps educativas, rúbricas u unidades didácticas integradas: un nuevo universo en las programaciones didácticas*. Formación Continuada Logoss. Jaén.
- DELGADO, M. y TERCEDOR, P. (2002). *Estrategias de intervención en educación para la salud desde la Educación Física*. INDE. Barcelona.
- DÍAZ LUCEA, J. (2005). *La evaluación formativa como instrumento de aprendizaje en Educación Física*. INDE. Barcelona.
- FERNÁNDEZ GARCÍA, E. -coord.- (2002). *Didáctica de la Educación Física en la Educación Primaria*. Síntesis. Madrid.
- GONZÁLEZ HALCONES, M. A. (1995). *Manual para la evaluación en educación física*. Escuela Española. Madrid.
- HERNÁNDEZ, J. L. y VELÁZQUEZ, R. (2004). *La evaluación en Educación Física*. Graó. Barcelona.

- JUNTA DE ANDALUCÍA. (2010). *Decreto 285/2010, de 11 de mayo, por el que se regula el Sistema de Información Séneca y se establece su utilización para la gestión del sistema educativo andaluz.* BOJA nº 101 de 26/05/2010.
- JUNTA DE ANDALUCÍA (2010). *Decreto 328/2010, de 13 de julio, por el que se aprueba el Reglamento Orgánico de las escuelas infantiles de segundo grado, de los colegios de educación primaria, de los colegios de educación infantil y primaria, y de los centros públicos específicos de educación especial.* BOJA nº 139, de 16/07/2010.
- JUNTA DE ANDALUCÍA (2010). *Orden de 20 de agosto de 2010, por la que se regula la organización y el funcionamiento de las escuelas infantiles de segundo ciclo, de los colegios de educación primaria, de los colegios de educación infantil y primaria, y de los centros públicos específicos de educación especial, así como el horario de los centros, del alumnado y del profesorado.* BOJA nº 169, de 30/08/2010.
- JUNTA DE ANDALUCÍA (2008). *Resolución de 30 de Julio de 2008, de la Dirección General de Ordenación y Evaluación Educativa, por la que se desarrollan determinados aspectos de la Orden que se cita, por la que se regulan las Pruebas de la Evaluación de Diagnóstico y se establece el procedimiento de aplicación en los centros docentes de Andalucía sostenidos con fondos públicos.* B.O.J.A. nº 161, de 13/08/2008.
- JUNTA DE ANDALUCÍA (2007). *Ley 17/2007, de 10 de diciembre, de Educación de Andalucía (L. E. A.).* B. O. J. A. nº 252, de 26/12/07.
- JUNTA DE ANDALUCÍA (2015). *Decreto 97/2015, de 3 de marzo, por el que se establece la ordenación y las enseñanzas correspondientes a la Educación primaria en Andalucía.* B. O. J. A. nº 50, de 13/03/2015.
- JUNTA DE ANDALUCÍA (2015). *Orden de 17 de marzo de 2015, por la que se desarrolla el currículo correspondiente a la Educación Primaria en Andalucía.* B. O. J. A. nº 60, de 27/03/2015.
- JUNTA DE ANDALUCÍA (2015). *Orden de 04 de noviembre de 2015, por la que se establece la ordenación de la evaluación del proceso de aprendizaje del alumnado de educación primaria en la Comunidad Autónoma de Andalucía.* B.O.J.A. nº 230, de 26/11/2015.
- LLEIXÁ, T. (2007). *Educación física y competencias básicas. Contribución del área a la adquisición de las competencias básicas del currículo.* Revista Tándem, nº 23, pp. 31-37.
- MARTÍNEZ LÓPEZ, E. J. (2001). *La evaluación informatizada en Educación Física.* Paidotribo. Barcelona.
- M.E.C. (2013). *Ley Orgánica 8/2013, de 9 de diciembre, para la mejora de la calidad educativa.* BOE Nº 295, de 10/12/2013.
- M.E.C. (2014). *R. D. 126/2014, de 28 de febrero, por el que se establece el currículo básico de la Educación Primaria.* B.O.E. nº 52, de 01/03/2014.
- M.E.C. (2015) ECD/65/2015, *O. de 21 de enero, por la que se describen las relaciones entre las competencias, los contenidos y los criterios de evaluación de la educación primaria, la educación secundaria obligatoria y el bachillerato.* B.O.E. nº 25, de 29/01/2015.
- MARTÍNEZ LÓPEZ, E. (2001). *La evaluación informatizada en la Educación Física.* Paidotribo. Barcelona.
- SALES, J. (2001). *La Evaluación de la Educación Física en Primaria.* INDE. Barcelona.
- SÁNCHEZ GARRIDO, D. y CÓRDOBA, E. (2010). *Manual docente para la autoformación en competencias básicas.* C.E.J.A. Málaga.
- SANMARTÍ, N. (2007). *10 Ideas clave. Evaluar para aprender.* Graó. Barcelona.

- SEBASTIANI, E. (2009) -coord.- *Guía para la evaluación de las competencias en ciencias de la actividad física y del deporte*. Agencia para la Calidad del Sistema Universitario de Cataluña (AQU). Barcelona.
- STAKE, R. (2006). *Evaluación comprensiva y evaluación basada en estándares*. Graó. Barcelona.
- VV. AA. (1997). Revista "Andalucía Educativa". C.E.J.A. Sevilla, número de marzo.
- VV. AA. (1999). *Fichas de Evaluación de la Educación Física en Primaria*. Wanceulen. Sevilla.
- VV.AA. (2012). *Orientaciones para la evaluación del alumnado de Educación Primaria*. Junta de Andalucía. Sevilla.
- ZAGALAZ, Mª L. (2003). *La evaluación de los aprendizajes en Educación Física*. En SÁNCHEZ, F. y FERNÁNDEZ, E. *Didáctica de la Educación Física*. Prentice Hall. Madrid.
- ZAGALAZ, Mª L.; CACHÓN, J.; LARA, A. (2014). *Fundamentos de la programación de Educación Física en Primaria*. Síntesis. Madrid.

WEBGRAFÍA (Consulta en octubre de 2016).

http://servicios.educarm.es/admin/webForm.php?ar=1007&mode=visualizaAplicacionWeb&aplicacion=EDUCACION_FISICA&web=132&zona=PROFESORES
http://rubistar.4teachers.org/index.php?&skin=es&lang=es&
http://www.agrega2.es
http://recursos.cnice.mec.es/edfisica/
http://www.ite.educacion.es/es/recursos
http://www.educarm.es/admin/recursosEducativos#nogo
www.juntadeandalucia.es/educacion/descargasrecursos/curriculo-primaria/index.html
http://www.gobiernodecanarias.org/educacion/webdgoie/
http://www.educarex.es/web/guest/apoyo-a-la-docencia
http://www.catedu.es/webcatedu/index.php/recursosdidacticos
http://www.educa2.madrid.org/educamadrid/servicios
http://www.educa.jccm.es/educa-jccm/cm/recursos
http://www.educa.jcyl.es/profesorado/es/recursos-aula
http://www.educastur.es
http://www.guiaderecursos.com/webseducativas.php
http://www.adideandalucia.es

www.ingramcontent.com/pod-product-compliance
Lightning Source LLC
Chambersburg PA
CBHW080457170426
43196CB00016B/2839